30 Novembre 1889.

VENTE DU SAMEDI 30 NOVEMBRE 1889

Hôtel Drouot, Salle N° 9

BEL

AMEUBLEMENT

ANCIEN ET MODERNE

BRONZES, CURIOSITÉS, OBJETS DIVERS

12 TAPISSERIES ANCIENNES

TABLEAUX, DESSINS, GRAVURES EN COULEURS

EXPOSITION

Le Vendredi 29 Novembre 1889

De 1 heure 1/2 à 5 heures

Commissaire-Priseur	Expert
Mᵉ Maurice DELESTRE	M. B. LASQUIN
Rue Drouot, 27	Rue Laffitte, 12

PARIS — 1889

IMPRIMERIE MAULDE et RENOU

A. MAULDE & Cie

IMPRIMEURS DE LA COMPAGNIE DES COMMISSAIRES-PRISEURS

Rue de Rivoli, 144

CATALOGUE

D'OBJETS DE BEL

AMEUBLEMENT

ANCIEN ET MODERNE

Commode, Bureau, Vitrines, Régulateur
Sièges des xviie et xviiie siècles, belle Pendule religieuse
Bronze de Barye, Bronzes d'ameublement, Curiosités
Porcelaines et Faïences
Cadres anciens, Objets divers
Meubles de salon, de chambre à coucher et de salle à manger
Jolis Sièges, Tapis, Rideaux en damas de soie
Tentures, Literie

FUSILS DE CHASSE

12 TAPISSERIES ANCIENNES

TABLEAUX, DESSINS, GRAVURES EN COULEURS

DONT LA VENTE AURA LIEU

HOTEL DROUOT, SALLE N° 9

Le Samedi 30 Novembre 1889

A DEUX HEURES PRÉCISES

Mᶜ Maurice DELESTRE | M. B. LASQUIN

Commissaire-Priseur | *Expert*

Rue Drouot, n° 27. | Rue Laffitte, n° 12

CHEZ LESQUELS SE TROUVE LE PRÉSENT CATALOGUE

EXPOSITION PUBLIQUE

Le Vendredi 29 Novembre 1889, de 1 heure 1,2 à 5 heures

PARIS — 1889

CONDITIONS DE LA VENTE

———

Elle sera faite au comptant.

Les Adjudicataires paieront CINQ POUR CENT en sus du prix d'adjudication, applicables aux frais.

AMEUBLEMENT

ANCIEN ET MODERNE

1 — Charmante petite Commode Louis XV, de forme
contournée, en bois de rose, orné de motifs
rocaille, dont l'un forme encadrement, en
bronze doré.

2 — Petit Bureau Louis XV, à dos d'âne, en bois de
violette.

3 — Toilette Duchesse Louis XV, en bois de rose,
ornée de bronzes, avec tablette pour écrire et
intérieur plaqué de citronnier.

4 — Secrétaire Louis XVI, en bois de rose, marqueté
à rubans.

5 — Vitrine Louis XVI, en bois de rose.

6 — Bureau plat Louis XV, en bois noir, orné de bronzes dorés.

7 — Glace avec Cadre Louis XIV, en bois sculpté et doré.

8 — Bahut Flamand du xviie siècle, ouvrant à quatre portes, en chêne sculpté, à sujets mythologiques, cariatides, rinceaux et moulures.

9 — Belle Pendule Louis XIV, forme dite Religieuse, en marqueterie de cuivre et d'écaille, ornée de draperies et surmontée d'une figure d'Enfant.
Au-dessous du cadran, sur une applique représentant le char d'Apollon, se lit le nom *S. Le Doux*, à Amiens.

10 — Régulateur Louis XIII, en bois noir incrusté de filets de cuivre et orné de bronzes.

11 — Paravent de fenêtre, à deux feuilles, de style Louis XIV, en bois sculpté et doré.

12 — Meuble-Vitrine, à deux corps, en bois de rose, garni de bronzes de style Louis XV.

13 — Petite Vitrine, forme tabernacle, à dôme et consoles volutes, en bois sculpté, du temps de Louis XIV.

14 — Petite Console Louis XVI, en bois d'acajou, à filets et cannelures de cuivre, dessus de marbre, à galerie.

15 — Petit Meuble-Vitrine, en marqueterie de bois, à fleurs, de travail hollandais.

16 — Bel Ameublement de salon, recouvert en étoffe de soie brochée, fond saumon et peluche de soie avec câblés et franges riches, il se compose d'un Canapé à rampe, deux grands Fauteuils, deux Chaises bébé, deux Chaises de fantaisie, le tout d'une grande fraîcheur.

Galerie de croisée accompagnant le meuble qui précède.

17 — Six jolies Chaises en bois sculpté et doré, de style Louis XVI, modèle lyre, garnies de damas rouge.

18 — Ameublement de Salon, composé d'un Canapé, quatre Fauteuils et quatre Chaises légères, et deux paires de Rideaux en étoffe de fantaisie.

19 — Deux Fauteuils Louis XV, recouverts de velours frappé.

20 — Deux Fauteuils Louis XVI, recouverts de velours frappé.

21 — Deux Fauteuils capitonnés, recouverts de damas rouge.

22 — Deux Fauteuils Louis XV, en bois sculpté, garnis de canne.

23 — Ameublement de Chambre à coucher, en palissandre sculpté, genre Louis XVI, composé d'un Lit de milieu, une Armoire à glace et une Table de nuit.

24 — Deux paires de Rideaux de fenêtres, et un Balda-
quin avec Rideaux de lit en damas de soie
rouge.

25 — Table ronde de salle à manger, avec rallonges.

26 — Servante de salle à manger, en noyer ciré.

27 — Huit Chaises de salle à manger, en noyer ciré,
garnies de canne.

28 — Deux paires de Rideaux en drap vert, avec bande
de velours appliquée.

29 — Porte-Manteau d'antichambre.

30 — Deux Escabeaux en bois sculpté.

31 — Bureau d'enfant.

32 — Fauteuil à bascule recouvert de cuir.

33 — Deux Toilettes en bambou avec dessus en marbre blanc.

34 — Trois Lits en fer.

35 — Literie, Matelas, Traversins, Oreillers.

TAPIS, RIDEAUX

36-38 — Trois grands Tapis, en moquette fond rouge,
de 6^{m}5o sur 6^m environ.

39 — Tapis en moquette fond gris.

40 — Deux paires de grands Rideaux en très beau damas de soie rouge avec passementeries assorties.

41 — Une paire de Rideaux fond bleu.

42 — Tenture de salon en étoffe fond vieil or.

43 — Quatre Rideaux en cretonne à fleurs, un Coussin oriental et un petit Sachet.

BRONZES

44 — Tigre marchant, bronze de Barye, patine verte, ancienne épreuve.

45 — Garniture de cheminée en bronze composée d'une Pendule avec groupe d'après Coustou, l'un des Chevaux de Marly, et de deux Candélabres.

46 — Paire de Chenets Louis XV en bronze doré.

47 — Paire de beaux Chenets, style Renaissance, en bronze, à figures d'Esclaves turcs enchaînés, d'après le monument de Livourne, par Pietro Tacca.

48-49 — Deux paires de Chenets en bronze.

5o — Deux Appliques en cuivre pour l'éclairage au
gaz.

5ı — Deux Bronzes 'd'art, Statuettes, Jardinière en
bronze du Japon, etc.

CURIOSITÉS, PORCELAINES, FAIENCES

OBJETS DIVERS

52 — Buste de Mme de Grignan, en terre cuite, du
XVIIIe siècle.

53-54 — Deux Cadres Louis XIII, en bois sculpté, à
guirlandes de laurier.

55 — Cadre de Christ Louis XIII en bois sculpté.

56 — Panneau en ancien laque du Japon, décoré d'ar-
bustes et d'oiseaux.

57 — Deux petits Cadres anciens, l'un avec peinture,
l'autre avec des reliques.

58 — Grande Coupe en ancienne porcelaine de l'Inde,
décor à mandarins, montée en bronze, genre
Louis XVI.

59 — Moutardier et son Plateau en vieux Saxe, décoré
de fleurs.

60 — Petit Pot cylindrique en vieux Sèvres, pâte tendre
décorée de fleurs.

61 — Petite Garniture mignonnette en vieux Chine.

62 — Petite Tabatière ovale, en porcelaine tendre de
Mennecy, montée en argent.

63 — Tasse et sa Soucoupe en anciene porcelaine de
Sèvres, pâte dure, fond marbré, à médaillons
de fleurs.

64 — Éventail Louis XVI, à moulure d'ivoire, avec
jolie feuille peinte à la gouache sur soie.

65 — Gobelet en cristal de Bohême gravé.

66 — Différents Objets d'étagère : Magots en pierre de
lard, Figurines, Vases, Tasses, Coupes, en
porcelaines diverses, Encriers en bronze, Boîte
en cuivre.

67 — Groupe en biscuit de Sèvres : Enlèvement de
Proserpine par Pluton.

68 — Cache-Pot en porcelaine, Vases en albâtre, etc.

69 — Peinture sur porcelaine, de forme ronde : le
Jugement de Pâris.

70 — Montre-Chronomètre en or.

71 — Épingle de cravate en or et pierres fines.

72 — Deux Assiettes en vieux Saxe et une Assiette en
Japon.

73 — Un Pot en faïence ancienne, à décor bleu, une Cafetière en faïence moderne.

74 — Un Pot ancien en terre de Munich, avec armoirie.

75 — Fontaine et son Bassin en faïence, à décor rouennais polychrome, avec support en bois.

76 — Grand Vase en poterie de Satzuma, à décor réhaussé d'or.

77 — Deux Figurines d'espagnols en terre cuite peinte.

78 — Deux Appliques en cuivre, genre Louis XIV.

79 — Cafetière turque en cuivre gravé, avec son plateau.

80 — Mandoline incrustée de nacre.

81 — Coucou.

82 — Longue-Vue dans son étui.

83 — Chambre claire.

84 — Un Presse-Papiers en Mosaïque.

85 — Fusil Lefaucheux.

86 — Fusil de chasse à percussion centrale.

TAPISSERIES ANCIENNES

—

87 — Portière en tapisserie flamande, représentant un
paysage boisé, avec rivière et deux oiseaux
aquatiques, bordure de fleurs et fruits.

88 — Jolie Tapisserie du XVII⁰ siècle, représentant la
Toilette de Diane avec plusieurs figures formant
un concert sous une tonnelle à cariatides et
arceaux, bordant le parterre d'un château, orné
d'une fontaine. Large bordure à médaillons
d'animaux et d'oiseaux alternant avec des guirlandes de fruits.

89 — Tapisserie du XVI⁰ siècle, offrant au centre un
écusson armorié fleurdelisé dans un motif
d'entrelacs. Jolie bordure décorée aux angles
de quatre petits écussons, d'une salamandre
couronnée et d'un oiseau dans les flammes ;
sur le côté droit, des cerfs et divers animaux
dans un paysage ; sur le côté gauche, une
syrène et des poissons à la partie inférieure et
des oiseaux voltigeant dans le haut.

90 — Tapisserie du XVI⁰ siècle, représentant un paysage
boisé, avec nombreux animaux sauvages, paons
et oiseaux : au premier plan, une riche dra-
perie ; au fond, un chasseur combattant un
sanglier harcelé par des chiens.

91 — Petite Tapisserie d'Aubusson, représentant une Danse villageoise; charmante composition de cinq figures dans le goût de Huet, avec bordure de fleurs et ornements.

92 — Tapisserie de XVIIe siècle, à paysage avec grand arbre et plantes : au premier plan, bordure à guirlandes de fleurs, rubans et coquilles.

93 — Tapisserie Louis XIII, représentant une Scène de fiançailles; longue bordure de fruits et feuillages, avec cartouches à petites figures sur les côtés.

94 — Tapisserie du XVIe siècle, représentant plusieurs Personnages dans un paysage et un sujet de chasse.

95 — Petit Panneau carré, représentant une Récréation dans un parc; fin du XVIe siècle.

96 — Panneau carré, sans bordure, représentant un sujet de Chasse sous bois.

97-98 — Deux Tapisseries anciennes, à sujets de verdure.

99 — Portière orientale brodée d'argent et soutachée de fleurs et d'ornements en couleur sur fond jaune.

100 — Tenture en ancienne brocatelle à ornements en rouge sur fond jaune.

TABLEAUX ET DESSINS

113 — **Gabé** (1842). Marine : Navire poursuivant un Corsaire.

114 — **Hubert Robert**. Deux Intérieurs de parcs, dans l'un près d'une fontaine surmontée d'une statue, un abbé donne le bras à une dame. Dans l'autre, au fond d'une longue allée, un bassin avec jet d'eau entouré de figures.

115 — **Lambinet** (1843). Paysage.

116 — **Lemercier** (1842). Paysage avec étang. Chemin dans un bois. (Deux pendants.)

117 — **Mallebranche**. Paysage d'hiver.

118 — **Naudoux**. La Passerelle.

119 — **Martin** (Paul), 1833. Tombeau dans une crypte de chapelle.

120 — **P. G.** Jeune femme en buste.

121 — **Sauvage**. Nymphes et Amours. (Grisaille sur soie.)

122 — **S. de B.** Paysage avec étang.

123 — **Swagers**. (D'après Gérard). Héloïse.

124 — **Téniers**. (D'après). Alchimiste dans son laboratoire.

125 — **Verdussen**. Le Départ pour le marché et bestiaux au pâturage.

126 — **Villeret**. Vue prise à Saint-Loup-de-Naud.

GRAVURES

139 — Quatre Gravures en couleurs de Débucourt, d'après C. Vernet : le Marchand de chevaux, la Grande Calèche, le Paddock, Course au Champ-de-Mars (avant la lettre).

140 — Gravure anglaise : Mail-Coach.

141 — Gravure avant la lettre : le Serment du Jeu de Paume.

142 — Deux Gravures de courses, vernies, dans des cadres aux armes d'Orléans.

143 — Gravure noire : l'Exécution de Jane Grey.

144 — Gravure d'après Moreau le jeune : Cérémonie du sacre de Louis XVI, cadre en bois sculpté.

145 — Gravure : Salon du Louvre, 1787.

146 — Deux Gravures.

A. Maulde et Cie, imprimeurs de la Compagnie des Commissaires-Priseurs, rue de Rivoli, 144.   300—1249

9 782329 522982